마녀들의 보물 지도

마녀들의 보물 지도

초판 1쇄 펴낸날 | 2014년 2월 28일
초판 6쇄 펴낸날 | 2018년 6월 30일

지은이 | 아나 알론소
그린이 | 마리아 모네시요 루비오
옮긴이 | 유 아가다
펴낸이 | 양승윤

펴낸곳 | (주)영림카디널
출판등록 | 1987년 12월 8일 제16-117호
주소 | 서울특별시 강남구 강남대로 354 혜천빌딩
전화 | 02-555-3200
팩스 | 02-552-0436
홈페이지 | www.aladinbook.co.kr

값 9,000원
ISBN 978-89-8401-434-3 74410
ISBN 978-89-8401-433-6 (세트)

알라딘 북스는 (주)영림카디널의 아동 전문 출판 브랜드입니다.

Original title: El mapa del bosque
© Text: Ana Alonso, 2010
© Illustrations: María Monescillo Rubio, 2010
© Grupo Anaya, S. A., Madrid, 2010
All rights reserved.

Korean Translation copyright © 2014 Younglim Cardinal Inc.
Korean edition published by arrangement with GRUPO ANAYA, S.A. through Icarias Agency.

이 책의 한국어판 저작권은 이카리아스 에이전시를 통해
저작권자와 독점 계약한 (주)영림카디널에 있습니다. 저작권법에 의해
한국 내에서 보호를 받는 저작물이므로 무단전재와 복제를 금합니다.

① 품명 : 마녀들의 보물 지도
② 제조자명 : 알라딘북스
③ 주소 : 서울시 강남구 강남대로 354
④ 연락처 : 02-553-9761
⑤ 제조년월 : 2018년 6월
⑥ 제조국 : 대한민국
⑦ 사용연령 : 7세 이상
⑧ 취급상 주의사항
 • 종이에 베이지 않도록 하세요.
 • 책의 모서리가 날카로우니 던지거나 떨어뜨려 다치지 않도록 주의하세요.
⑨ KC마크는 이 제품이 공통안전기준에 적합하였음을 의미합니다.

길이 재기

마녀들의 보물지도

글 아나 알론소 | 그림 마리아 모네시요 루비오 | 옮김 유아가다

알라딘 북스

1

오늘 마녀 나디아는 아주 많이 피곤한 하루를 보냈습니다. 하루 종일 마술 빗자루를 타고 날아다니며 마법에 필요한 먼지들을 모아야 했거든요.

집으로 돌아오며 나디아는 오늘은 목욕을 하고 푹 쉬어야겠다 마음먹었습니다. 그래서 나디아는

집에 도착하자마자 아직 숨을 헐떡이면서도 마술 모자와 원피스를 얼른 벗고 초록색 거품이 가득한 목욕탕 안으로 미끄러져 들어갔습니다.

"아이고, 좋구나! 이제야 좀 살 것 같다. 하루 일을 끝마치고 따뜻한 물로 목욕을 하니 기분이 정말 끝내주는군!"

나디아는 눈을 감으며 중얼거렸습니다.

그러나 무슨 소리가 들려 곧 다시 눈을 떴습니다. 문이 열렸다 닫히는 소리인 듯했습니다. 누군가 집 안으로 들어온 것 같았습니다.

"나디아 이모, 거기 있어요?"

조카 레베카의 목소리가 들렸습니다.

마녀 나디아는 목욕탕에서 나와 큰 수건으로 몸을 감쌌습니다. 조카 레베카가 집에 왔으니 이제 조용한 시간하고는 안녕이지요!

"레베카, 이 늦은 시간에 여기까지 웬일이니? 집에서 숙제하고 있어야 하지 않니?"

"막 자려던 참이었어요, 이모."

레베카는 잘 준비를 하다 나왔는지 수면 모자와 초록색과 검은색 줄무늬의 잠옷을 입고 있었습니다.

"사실은요, 숲 속에서 뭘 발견했거든요."

레베카는 자신이 찾아온 이유를 설명했습니다.

"마녀 학교 선생님이 마법 수업 준비물로 만드라고라 뿌리*를 찾아오라고 해서 숲에 갔었어요. 바로 이 근처 라미아 숲이요. 그런데 제가 발견한 것 좀 보세요!"

레베카는 구겨진 종이 한 장을 이모에게 보여 주

---

* 만드라고라 뿌리: 마법의 재료로 사용되는 사람의 형태를 한 뿌리를 가진 식물.

었습니다.

　나디아는 세심하게 종이를 살펴보았습니다.

　"딱 봐도 이건 만드라고라의 뿌리는 아니고……."

나디아가 중얼거렸습니다.

　"당연히 아니죠! 이모, 이건 지도잖아요, 보물 지

빗방울 나무에서 서쪽으로 열 발자국 걸어라.
거기서부터 남쪽으로 다시 열 발자국 걸어라.
그리고 다시 서쪽으로 다섯 발자국 걸어라.

X 표시가 있는 부분에 바로 거인족 트롤*의
보물이 숨겨져 있다.

도! 거기 위에 쓰여 있는 걸 보세요."

조바심 난 레베카가 얼른 대답했습니다.

나디아는 지도를 들고 우선 비누 거품 의자에 앉았습니다. 그리고 안경을 쓰고 레베카가 건네준 지도를 주의 깊게 살펴보았습니다.

"아, 이게 바로 라미아 숲 어딘가에 숨겨져 있다는 거인족 트롤 왕자의 유명한 보물 지도로구나! 세상에나! 정말 흥미로운걸……."

"제 말이 맞죠! 계속 읽어 보세요……."

"'빗방울 나무에서 서쪽으로 열 발자국 걸어라. 거기서부터 남쪽으로 다시 열 발자국 걸어라. 그리고 다시 서쪽으로 다섯 발자국 걸어라.' 그러면

---

* 트롤: 스칸디나비아 반도에 사는 거인족으로, 북유럽 신화에 등장하는 거인족 요툰의 후예라고도 합니다. 사람들이 잠든 고요한 백야에 나타나서 마을을 배회한다고 합니다.

정확하게 바로 거기에 거인족 트롤의 보물이 숨겨져 있다는구나."
"아주 쉽게 찾을 수 있을 것 같은데요, 이모. 안 그래요?"
레베카는 잔뜩 기대에 부푼 목소리로 물어보았습니다.
"글쎄다……. 어쨌든 한번 찾아는 보자꾸나."
나디아는 일단 이렇게 대답하고 레베카를 돌려보냈습니다. 그리고 지도를 보며 한참을 혼자 생각에 잠겼습니다.

다음 날, 레베카는 다시 이모 집으로 갔습니다. 보물을 찾기 위해 아빠한테 빌린 삽과 곡괭이를 양손에 들고 갔지요.

"준비를 아주 잘해 왔구나. 훌륭해! 자, 삽과 곡괭이는 이모에게 주고 어서 가자, 레베카. 우린 서둘러야 해!"

나디아가 웃으며 말했습니다.

두 마녀는 빗방울 나무를 향해 힘차게 걸어갔습니다. 지도에 나온 빗방울 나무는 마치 하늘에 닿을 만큼 키가 큰 참나무였습니다.

"좋아, 여기서부터 발자국을 세어 봐야겠다. 서쪽으로 열 발자국이라고 했지?"

나디아가 레베카를 돌아보며 물었습니다.

레베카가 고개를 끄덕이자 나디아는 발자국을 세면서 성큼성큼 걸어갔습니다.

"하나, 둘, 셋, 넷, 다섯, 여섯, 일곱, 여덟, 아홉, 열. 이제 남쪽으로 다시 열 발자국 걸어가면 돼. 그렇지?"

레베카는 지도를 보며 고개를 끄덕였습니다.

나디아와 레베카는 남쪽을 향해 걸었습니다. 그리고 큰 소리로 다시 열 번을 세었습니다.

"아주 좋아!"

나디아는 열 발자국을 걸은 뒤 만족스런 목소리로 외쳤습니다.

"이제 서쪽으로 다시 다섯 발자국 걸을 차례야. 하나, 둘, 셋, 넷, 다섯……. 바로 여기야! 레베카, 어서 여기를 파 보자!"

나디아는 곡괭이로 땅을 파고 레베카는 삽으로 흙을 퍼냈습니다. 두 시간 넘게 두 마녀는 땅을 파고 또 팠습니다. 하지만 아무것도 발견할 수 없었습니다.

마침내 나디아와 레베카는 땀을 뻘뻘 흘리며 땅바닥에 주저앉았습니다. 날씨도 유난히 더웠습니다.

"여기에는 보물이 없는 것 같아요! 지도가 순 엉터리인가 봐……."

구덩이 속을 다시 보기 위해 몸을 일으킨 레베카가 한숨을 쉬며 말했습니다.

그러나 나디아의 생각은 달랐습니다.

"내가 볼 때 지도는 맞는 것 같아. 어쩌면 우리가

제대로 길이를 재지 않아서 잘못된 장소에 도착했을지도 몰라……. 내 발자국 사이 길이가 길어서 너무 멀리까지 온 거 같아."
나디아가 말했습니다.
"그럼 이모, 내가 한번 해 볼까요? 나는 이모보다 발이 더 작으니까 발자국 사이의 길이도 이모 것

보다 짧잖아요."

레베카가 말했습니다.

"좋은 생각이야!"

나디아가 대답했습니다.

　나디아와 레베카는 다시 빗방울 나무까지 걸어갔습니다. 거기서부터 레베카는 서쪽으로 열 발자국을 세며 걸어가고 다시 남쪽으로 열 발자국, 그리고 마지막으로 서쪽으로 다섯 발자국 더 걸어갔습니다.

　레베카의 발자국 사이의 길이는 나디아보다 작아서 이전에 땅을 판 곳과는 다른 곳에 도착했습니다.

"이모, 여기일 것 같지 않아요?"

레베카가 물어보았습니다.

"글쎄, 땅을 파 보면 알겠지. 어서 해 보자!"

　나디아와 레베카는 삽과 곡괭이를 들고 다시 땅을 파기 시작했습니다. 둘은 이번에도 두 시간 동안 땅을 파고 또 팠지만, 줄무늬 양말 한 켤레밖에 발견하지 못했습니다.

　게다가 그 양말은 구멍투성이였습니다!

　풀이 팍 죽은 두 마녀는 이번에도 흙더미에 주저앉았습니다.

　그렇게 두 마녀가 열심히 구덩이를 파는 동안 어느새 간식 시간이 되었습니다. 나디아는 준비해 온 도시락 가방에서 초록색 젤리를 잔뜩 넣은 샌드위

치를 두 개 꺼내 한 개를 레베카에게 건네주었습니다.

둘은 깊은 생각에 잠긴 채 아무 말 없이 간식을 먹었습니다.

"뭐가 문제였는지 알 거 같아!"

나디아가 갑자기 말했습니다.

"그 지도는 절대 마녀가 그린 것이 아닐 거야! 그것들은 결국 거인족 트롤의 보물이잖아……. 분명히 거인족 트롤 중의 누군가가 그린 지도일 거야. 너도 알다시피 거인족들의 한 발자국은 어마어마하게 크고 길지. 그러니까 우리가 거인족이 됐다고 가정한 다음, 다시 처음부터 거인족의 발자국 길이로 걸어가 봐야 하는 거야. 우리들 같은 마녀의 발자국 길이가 아니고 말이야."

"아, 정말 그럴지도 모르겠네요!"

레베카가 신이 나서 맞장구를 치더니 다시 고개를 갸우뚱하며 말했습니다.

"이모 말대로 그 지도는 거인족 트롤이 그렸을지도 몰라요. 그랬더라도 문제가 있어요. 우리는 거인족 트롤의 발자국 길이가 얼마나 긴지 전혀 모르잖아요……."

"지금 우리가 할 수 있는 가장 좋은 방법은 바로 거인족 트롤을 찾아보는 거야. 그런데 찾을 수 있을지 모르겠다. 이제 라미아 숲에는 거인족 트롤이 거의 살지 않거든. 어쨌든 내가 가서 한번 찾아볼게. 넌 여기서 기다리고 있어."

나디아는 이렇게 말한 뒤, 마술 빗자루에 올라타고 거인족 트롤을 찾으러 떠났습니다.

3

 거인족 트롤을 찾아 나선 나디아는 한참 후에야 돌아왔습니다. 몇 시간 동안 헤매던 나디아는 겨우 거인 한 명을 만나 데리고 왔습니다.

"이 친구는 아밀이야. 딱 보면 알겠지만, 트롤은 아니야. 그렇지만 거인이야. 트롤들은 거인만큼 커서 거인족이라고 불리잖아. 그러니까 이 둘의 발자국 사이 길이는 거의 비슷할 거야."

 나디아는 레베카에게 거인을 데려온 이유를 설명했습니다.

　그런 뒤 나디아는 아밀에게 보물 지도를 보여 주며 해야 할 일을 자세히 알려 주었습니다.
　아밀은 나디아가 알려 준 대로 빗방울 나무에서부터 시작해서 서쪽으로 열 발자국, 남쪽으로 열 발자국, 그리고 다시 서쪽으로 다섯 발자국 걸어갔습니다.
　거인의 발자국 사이 길이는 매우 길어서 나디아

와 레베카는 거인을 따라잡기 위해서 한참을 뛰어가야 했습니다. 그렇게 해서 도착한 장소는 나디아와 레베카가 찾았던 곳에서 아주 멀리 떨어진 곳이었습니다.

두 마녀가 헐레벌떡 거인이 있는 곳에 도착하자 아밀이 커다란 손으로 땅을 파서 만들어 놓은 구덩이가 보였습니다.

두 마녀는 구덩이 안을 들여다보았습니다.

정말 깊은 구덩이였지만, 그 안에는 어떤 보물도 들어 있지 않았습니다.

구덩이 안에 있는 것이라고는 낡은 자전거 한 대 뿐이었습니다. 아밀은 자전거를 발견해서 행복해 보였습니다.

"이것 봐, 자전거야! 내가 정말정말 좋아하는 자전거가 여기 있다니!"

 아밀은 너무 기쁜 나머지 이렇게 소리쳤습니다. 거인의 목소리는 천둥 소리처럼 들렸습니다.
 두 마녀는 입을 벌리고 거인을 바라볼 뿐이었습니다.

"자전거가 좋다고?"

레베카가 이상하다는 듯한 표정을 지으며 입을 열었습니다.

"그런데 그 자전거는 너무 낡았어……. 게다가 네가 타기에 너무 작은 거 같아."

"자전거를 탄다고? 나는 자전거를 타는 게 아니라 먹는 것을 좋아한단 말이야!"

아밀은 이렇게 말한 뒤, 자전거를 들어 올려 입속에 넣고 우적우적 씹기 시작했습니다.

자전거 바퀴와 손잡이의 삐걱거리는 소리가 거인의 이빨 사이에서 시끄럽게 들려왔습니다.

라미아 숲의 모든 주민들이 그 소리를 들었습니다. 그리고 호기심이 발동한 숲의 주민들은 무슨 일인지 알아보러 밖으로 나왔습니다.

빗방울 나무 주변으로 조금씩 호기심에 찬 이웃들이 모여들기 시작했습니다.

난쟁이들, 엘프, 날개 달린 숲의 요정, 땅속 요정 그노몬, 그리고 사람 잡아먹는 괴물 오거 몇 명까지 하나둘 모여들었습니다.

나디아는 자기들끼리 모여 웅성웅성 떠드는 이웃들을 보며 한숨을 쉬었습니다. 이 많은 구경꾼들로부터 쉽게 해방될 것 같지 않아 보였거든요.

그래서 나디아는 모두에게 보물 지도에 관해서

사실대로 말하기로 결심했습니다. 어쩌면 그들 중 누군가 도와줄 수 있을지도 모르잖아요.

"조용히들 하세요! 모두 조용!"

나디아가 외쳤습니다.

"모두 이리 와서 빙 둘러 앉으세요. 제가 무슨 일인지 모두 설명할 테니까요. 이 지도는 거인족 트롤의 보물 지도입니다. 이 지도에 따르면 보물을 찾으려면 빗방울 나무에서 서쪽을 보고 열 발자국, 남쪽으로 또 다시 열 발자국, 그리고 서쪽으로 다시 다섯 발자국 걸어가야 합니다. 그렇게 해서 도착한 곳의 땅을 파면 거기에 보물이 있다고 쓰여 있어요."

숲의 요정들은 나디아의 말을 듣고 날개를 파드닥거리며 소란을 피우기 시작했습니다.

그러자 난쟁이들 중 한 명이 요정들에게 조용히

하라며 험상궂은 표정을 지었습니다. 모두들 계속해서 무슨 일인지 듣고 싶었거든요.

"레베카와 나는 지도에 쓰여 있는 대로 걸어가 봤어요. 그런데 도착한 곳을 파 보니 아무것도 없었어요."

나디아는 여기까지 이야기하고 잠시 숲의 주민들을 둘러보더니 계속 이야기를 했습니다.

"그래서 레베카와 나는 우리의 발자국 사이의 길이에 문제가 있다고 생각했어요. 만약 그 지도를 거인족 트롤 중 누군가가 그렸다면, 발자국 사이의 길이는 우리 마녀들의 발자국 길이가 아니라 거인족 트롤의 발자국 길이만큼 길어야 할 것이라고 말이죠. 그래서 거인 아밀에게 도움을 요청하기로 했어요. 아밀도 거인이라 발자국 길이가 어마어마하게 길잖아요. 그런데 이번에도 틀렸더

군요. 아밀의 발자국을 따라 도착한 곳에서도 보물을 찾을 수가 없었어요."
"당연히 틀렸겠지요."

엘프가 잘난 체하며 말했습니다.

"거인족 트롤의 발자국 길이는 거인의 것보다는 더 짧아요. 아마도 사람 잡아먹는 괴물 오거의 발자국 길이 정도 될걸요……."

그러자 구경하러 온 숲의 주민들 중 한 명이었던 오거 제랄드가 손을 번쩍 들었습니다.

"여러분이 원한다면 내가 한번 걸어가 볼게요."

모두들 좋은 생각이라며 박수를 쳤습니다.

제랄드는 빗방울 나무까지 걸어가더니 일단 그

앞에 멈춰 섰습니다. 그런 다음 지도에 나와 있는 대로 한 발작씩 조심스레 발걸음을 옮겼습니다.

그 뒤를 따라 엘프, 난쟁이, 레베카, 거인 아밀 등 모여 있던 숲 속 주민들이 모두 제랄드의 뒤를 따라갔습니다.

마침내 제랄드가 멈추자 난쟁이들은 은색 곡괭이를 꺼내서 땅을 파기 시작했습니다. 그러나 아무리

깊이 파도 보물을 찾을 수 없었습니다.

괴물 오거의 발자국 길이도 지도에서 말하는 발자국 길이가 아닌 게 분명했습니다. 여기저기서 불평 소리와 실망하는 소리가 터져 나왔습니다.

이제 모여 있던 숲의 주민들 중 몇몇은 자리를 떠났습니다.

남아 있는 이웃들도 어쩔 줄 몰라 하며 서로를 바라볼 뿐이었습니다.
"아, 맞다! 오래 전부터 중요한 직책을 맡은 거인족 트롤들은 숲의 요정 중에서 엘프들을 비서로 고용했었어요."
갑자기 늙은 요정 엘프가 말했습니다.
"어쩌면 그 지도는 엘프가 그렸을지도 몰라요. 그랬다면 당연히 발자국 사이의 길이도 엘프의 발자국 길이를 기준으로 하지 않았을까요?"

　나디아는 엘프의 말이 그다지 미덥지 않았습니다. 그래서 고개를 저었습니다. 엘프도 확신에 차서 꺼낸 말은 아닌 듯 더 이상 주장하지는 않았습니다. 때문에 엘프의 발자국은 아무도 따라가 보자고 하지 않았지요.

그러는 동안 호기심에 찬 구경꾼 몇몇이 더 모여들었습니다. 그중에는 레베카의 부모님과 라미아 숲에서 휴가를 보내고 있는 도시에서 온 요정들도 있었습니다.

보물을 찾지 못해 속상했던 레베카는 엄마 품에 쏙 안겼습니다.

숲 속에서만 살았던 라미아 숲 요정들은 도시에서 온 요정들을 부러운 눈길로 바라보았습니다.

도시의 요정들은 화려한 옷과 최신 모델의 가방, 그리고 멋진 운동화를 신고 있었습니다. 그 요정들은 서로 귓속말을 하며 미친 듯이 웃느라 정신이 없었습니다.

"절대 그 보물을 찾을 수 없을 것 같아요."

레베카가 시무룩한 얼굴로 말했습니다.

"벌써 네 군데나 땅을 파 봤는데, 아무것도 없어요! 그게 모두 저 발자국 길이 때문이라고요. 두 발자국 사이가 얼마나 긴지 도무지 가늠할 수가 없어요! 거인족 트롤의 발자국 길이인 것 같긴 한데……."

그때 도시에서 온 요정들 중 하나가 레베카와 나디아에게 다가왔습니다.

"친구들, 내 얘기를 한번 들어 보겠어요? 여러분들의 말을 들어 보니 내가 도움을 줄 수 있을 거 같아서요."
요정이 웃으며 이렇게 말했습니다.

6

두 마녀는 희망을 가지고 도시에서 온 요정을 바라보았습니다.

"정말요? 그렇지만 어떻게요?"

레베카가 물었습니다.

"나는 여러분도 알다시피 도시에서 왔어요. 도시에는 인간들이 많이 살죠……. 그리고 인간들은 길이를 잴 수 있는 매우 똑똑한 방법을 발명했어요."

"정말요? 그럼 인간들은 발자국

으로 길이를 재지 않는단 말인가요?"
이번에는 나디아가 물었습니다.
"예전엔 그랬지요. 그렇지만 발자국 길이는 다 다르잖아요. 그래서 인간들은 어디서 사용하든지 항상 같은 길이를 잴 수 있는 단위를 발명해 내었어요. 그 단위의 이름은 바로 '미터'라고 합니다. 마침 내가 가방에 그 미터로 잴 수 있는 줄자를 가져왔어요."
도시에서 온 요정은 가방을 열고 하늘색의 돌돌

말은 줄자를 꺼냈습니다. 그리고 조심스럽게 줄자를 풀었습니다.

"이 줄자는 정확하게 일1 미터예요."

요정이 설명했습니다.

"흠, 정말 좋은 생각이네."

나디아가 고개를 끄덕이며 말했습니다.

"항상 길이가 같은 단위라, 발자국 길이와는 차원이 틀리겠군……. 그 단위 이름이 뭐라고요?"

"미터요."

요정이 대답했습니다.

"그럼 줄자 위에 표시된 촘촘히 있는 짧은 선들은 뭐죠?"

"그건 센티미터죠. 일1 미터는 백 개의 똑같은 길이의 작은 단위로 이뤄져 있는데, 그 단위를 센티미터라고 해요. 센티미터는 더 짧은 길이를 재고 싶을 때 사용하지요."

요정이 자세히 알려 주었습니다.

"와! 정말 똑똑한걸!"

레베카가 말했습니다.

"그거 정말 좋은 생각이야. 그런데 우리한테는 쓸모가 없을 것 같아."

나디아가 안타깝다는 듯이 말했습니다.

"왜요?"

레베카가 물었습니다.

"왜냐하면 보물 지도에는 몇 발자국 걸으라고만 나오지 미터로는 얼마인지 나오지 않으니까 말이야. 미터는 항상 같은 길이를 가리키지만 발자국

길이는 그렇지 않잖아."
"그건 내가 바꿀 수 있어요."
요정은 걱정 말라는 듯이 이렇게

말하며 윙크를 했습니다.

"나한테 마술 지우개가 있거든요. 그 지우개는 세상의 모든 길이를 재는 단위를 미터로 자동적으로 바꿀 수 있어요. 지도를 보여 주세요. 지도의 발자국 길이 위에 지우개를 스치기만 하면 단번에 미터로 바뀔 거예요. 그렇게 하면 우리는 정확하게 보물이 있는 곳을 찾을 수 있을 겁니다."

레베카는 신이 나서 폴짝폴짝 뛰며 외쳤습니다.

"정말요? 멋지네요! 우리 당장 해 봐요!"

도시에서 온 요정은 가방에서 황금빛 지우개를 꺼냈습니다.

그때까지 남아 있던 숲의 주민들도 궁금해서 가까이 다가왔습니다.

"자, 지도를 줘 봐요."

요정이 레베카에게 말했습니다.

빗방울 나무에서 서쪽으로 걸어라.
거기서부터 남쪽으로 다시 열 발자국 걸어라.
그리고 다시 서쪽으로 다섯 발자국 걸어라.

X 표시가 있는 부분에 바로 거인족 트롤의
보물이 숨겨져 있다.

레베카에게서 지도를 건네받은 요정은 판판한 돌 위에 지도를 펼쳤습니다. 그리고 지도에 쓰여 있는 발자국 길이 위로 지우개를 쓱 문질렀습니다.

"좋아! 좋아!"

계속 지우개를 문질러대며 요정이 외쳤습니다.

"이거 정말 흥미로운걸……. '서쪽으로 열 발자국'이라고 쓰여 있는 글이 '서쪽으로 삼십30 미터'라고 바뀌었어."

요정은 두 번째 발자국 길이를 지우개로 문질렀습니다.

"이제 됐다! '남쪽으로 열 발자국'이라는 곳에는 '남쪽으로 삼십30 미터'라는 글이 떴어요."

그리고 이번에는 마술 지우개로 세 번째 발자국 길이를 문질렀습니다.

"훌륭해! '서쪽으로 다섯 발자국' 대신에 '서쪽으

로 십오15 미터'라는 글이 떴어요."

요정은 작업을 끝내며 이렇게 외쳤습니다.

"그러니까 정리하면 먼저 서쪽으로 삼십30 미터, 다시 남쪽으로 삼십30 미터, 그리고 마지막으로 서쪽으로 십오15 미터 걸어가면 되는 거네요."

레베카가 지금까지 요정이 한 말을 죽 정리하며 말하더니 다시 물어보았습니다.

"그런데 가지고 있는 줄자가 일1 미터밖에 되지 않는데 어떻게 하죠?"

"걱정 마. 내게 방법이 있어! 내 마법을 사용해서 일1 미터짜리 줄자와 똑같은 걸 삼십 개 만들면 되잖아. 삼십 개를 죽 한 줄로 늘어뜨리면 모두 삼십30 미터가 될 거야."

나디아가 대답했습니다.

모두들 좋은 생각이라며 박수를 쳤습니다.

그러자 나디아는 자신의 마술 모자를 벗고 그 속에 요정의 줄자를 집어넣었습니다. 그런 다음 입김을 불어 넣은 후 작은 목소리로 중얼거렸습니다.

"자, 내가 해야 할 일을 하기 위해서 일1 미터짜리 줄자를 삼십 개 만들어다오."

나디아의 말이 끝나자마자 순식간에, 모자는 다양한 색깔의 줄자들로 가득 찼습니다. 각각의 줄자는 정확하게 일1 미터였습니다.

나디아는 정확하게 하기 위해 다시 한 번 줄자의 수를 세어 보았습니다. 삼십 개가 맞았습니다!

"훌륭해! 이제 한 줄로 늘어뜨려 봅시다."

나디아, 레베카, 그리고 주위에 있던 구경꾼들까지 모두 함께 빗방울 나무까지 걸어갔습니다.

빗방울 나무 바로 밑에 도착하자 나디아는 나무 아래에 첫 번째 줄자를 서쪽 방향으로 펼쳤습니다. 그리고 바로 이어서 두 번째 줄자를 펼쳤습니다. 그 다음에는 세 번째 줄자를 펼치고, 이어서 서른 번째

줄자까지 죽 일1 미터짜리 줄자를 이었습니다.

"와, 신난다! 첫 번째 삼십30 미터를 다 재었어!" 레베카가 기뻐서 말했습니다.

"이제 남쪽으로 다시 삼십30 미터를 재야 하는데……. 아까 사용했던 줄자를 모두 다시 사용해야겠네!"

난쟁이들과 엘프들, 오거 그리고 레베카의 부모님과 거인 아밀은 땅바닥에서 줄자들을 걷는 것을 도와주었습니다.

하지만 도시의 요정들은 웃으며 이들을 바라만 보았습니다. 이 요정들은 너무 게을러서 몸을 움직여 일하는 것을 좋아하지 않았거든요.

게다가 도시 요정들은 자신들이 이미 많이 도와 줬다고 생각했습니다. 숲 속의 주민들에게 미터가 무엇인지 가르쳐 줬으니까요!

서쪽 방향으로 죽 이었던 줄자를 땅바닥에서 모

두 걸자, 나디아는 다시 남쪽 방향으로 줄자들을 삼십30 미터 죽 이어 펼치기 시작했습니다.

그런 다음 줄자를 다시 걷어서 서쪽으로 십오15 미터를 죽 이었지요.

"좋아, 바로 여기쯤 보물이 있어야 할 거야. 어디 이번엔 맞았는지 한번 보자고……."

레베카가 말했습니다.

이제 모두 줄자의 끝부분이 있는 곳에 도착했습니다. 난쟁이들은 땅을 파기 위해서 곡괭이와 삽을

가지고 다가왔습니다. 난쟁이들은 열심히 땅을 파고 또 팠습니다. 그리고 마침내 곡괭이에 뭔가 딱딱한 것이 걸렸습니다.

"여기 뭔가가 있다!"

난쟁이들이 소리쳤습니다.

거기서부터는 모두 힘을 합쳐 손으로 땅을 파기 시작했습니다.

드디어 구덩이에서 상자의 모습이 보였습니다. 숲 속 주민들은 모두 마지막 힘을 모아 무거운 상자를 꺼냈습니다.

"야호, 보물 상자다!"

레베카가 소리쳤습니다.

"정말 있었네. 보물 상자!"

나디아도 감격에 겨워 외쳤습니다.

"보물 상자를 찾았다!"

거인 아밀이 남아 있던 자전거 나머지를 집어 삼키며 울부짖듯 외쳤습니다.

도시에서 온 요정들까지도 조용히 그 말을 따라 했지요.

"어서 상자를 열어 봐요. 뭐가 들어 있는지 빨리

보고 싶어요. 어서요!"

레베카가 큰 소리로 말했습니다.

보물 상자는 황금색 장식이 있는 나무로 만든 상자였는데, 자물쇠에 열쇠가 달려 있었습니다. 나디아는 열쇠를 돌려 보았습니다. 처음에는 녹이 너무 많이 슬어 있어서인지 잘 움직이지 않았습니다.

하지만 나디아는 포기하지 않고 여러 번 열쇠를

돌리고 또 돌렸습니다. 그러자 마침내 열쇠가 움직이기 시작했습니다.

그리고 드디어 상자가 열렸습니다. 그 안을 들여다보던 모든 숲 속 주민들은 동시에 한 목소리로 외쳤습니다.

"와! 보물이다."

8

모두들 보물을 보고 눈이 휘둥그레졌습니다.
"세상에!"
"내 눈을 믿을 수가 없어."
"루비야!"
"그리고 에메랄드!"
"그건 또 뭐지? 어머, 황금 왕관이네!"
"그리고 진주 목걸이야!"
"다이아몬드 머리띠도 있어!"
"밑에는 뭐가 있지?"

"어디 보자……."

숲 속 주민들은 저마다 한마디씩 외쳤습니다. 나디아는 그 보석들 아래에서 많은 양의 금화를 발견

했습니다. 그런데 금화 아래에는 회색빛의 둥근 돌들이 가득 깔려 있었습니다.

"왜 이 돌들을 보물과 함께 보관했을까요?"

레베카가 놀라서 나디아 이모에게 물었습니다.
"거인족 트롤에게 회색빛의 둥근 돌들은 황금이나 다이아몬드보다 훨씬 더 값진 보물이거든."

나디아가 설명해 주었습니다.

"거인족 트롤의 보물은 정말 신기하네! 그런데 자기들의 보물을 우리가 찾은 줄 알면 화내지 않을까?"

레베카의 아빠가 말했습니다.

"이 돌들을 선물하면 절대 화내지 않을 거예요. 오히려 아주 좋아할 거예요."

나디아가 확신에 차서 말했습니다.

"그런데 나머지 보물들은……. 어떻게 하죠?"

레베카가 또 물었습니다.

그러자 숲 속 주민들 모두 합창하듯 외쳤습니다.

"우리가 나눠 가져요!"

그렇게 해서 숲 속 주민들은 보물을 나누기 시작했습니다.

난쟁이들에게는 다이아몬드를, 마녀들에게는 루

비를, 그리고 엘프들에게는 금을 주었습니다. 그리고 도시에서 온 요정들에게는 에메랄드를 나눠 주었습니다.

거인 아밀에게는 진주를 주었는데, 아밀은 그다지 기뻐하는 표정이 아니었습니다. 아무래도 아밀은 진주보다 자전거를 훨씬 더 좋아하는 게 분명한 것 같네요!

레베카는 보물 중에서 루비로 만든 목걸이를 가지게 되었습니다.

"이게 모두 미터 덕분이죠! 미터 줄자가 없었더라면 절대 이 보물은 찾을 수 없었을 거예요······."

레베카가 너무너무 행복해하며 말했습니다.

원피스의 황금 단추를 여미던 나디아는 레베카에게 살짝 윙크하며 말했습니다.

"인간들이 뭔가 좋은 것 하나쯤은 발명했을 법도 하지! 앞으로는 길이를 잴 때 다시는 발자국 길이를 사용하지 말자. 미터를 사용하자꾸나! 비록 인간들이 사용하는 도구이긴 하지만 훨씬 더 실용적이니까 말이야!"
"당연히 그래야죠, 이모."
레베카가 활짝 웃으며 말했습니다.